「原因」と「結果」の法則

ジェームズ・アレン

坂本貢一［訳］

サンマーク出版

心は、創造の達人です。そして、私たちは心であり、思いという道具をもちいて自分の人生を形づくり、そのなかで、さまざまな喜びを、また悲しみを、みずから生み出しています。私たちは心の中で考えたとおりの人間になります。私たちを取りまく環境は、真の私たち自身を映し出す鏡にほかなりません。

ジェームズ・アレン

訳者まえがき

本書は、英国が生んだ謎《なぞ》の哲学者、ジェームズ・アレンによって、ほぼ一世紀前の一九〇二年に書かれたものですが、世界中でいまなお着実に売れつづけているという驚異的なロングセラー書です。正確な数字はわかりませんが、この世界の歴史上もっとも多くの読者を獲得してきた自己啓発書だと言って間違いないでしょう。聖書に次ぐベストセラーだとさえ言われています。いまではオンライン書店でも売られており、日本にいても簡単に買えるようになっています。

ジェームズ・アレンは生涯で十九冊の本を書いていますが、本書は彼の代名詞ともいうべきもので、文字どおり彼の代表作です。

本書はまた、のちの欧米の自己啓発書作家たちに強い影響をおよぼし、かれらの本を通じても無数の人々を勇気づけてきました。

現代成功哲学の祖として知られるデール・カーネギー、アール・ナイチンゲールらを筆頭に、ノーマン・ヴィンセント・ピール、デニス・ウェイトリー、オグ・マンディーノそのほか、自己啓発文学に興味をもつ人であれば誰もが知るそうそうたる作家たちが、かれらの成功理論を補強する目的で、こぞって本書の内容を引用しているのです。「近年の自己啓発書のほとんどは、アレンのシンプルな哲学に具体的な事例をあれこれとくっつけて、複雑化したものにすぎない」と指摘する人たちさえいます。

ちなみに、アール・ナイチンゲールとデニス・ウェイトリーは、本書のオーディオ・カセット版まで作成していて、それもまたベストセラーになっているようです。

私がこの本に初めて出合ったのは一九九〇年のことでした。その年の正月に訪米した際、アメリカ人のある老婦人から、少し遅いクリスマス・プレゼントとしていただいたのが、この本の原書『AS A MAN THINKETH』だったのです。彼女は若い頃から意欲的に人生の意味を探求していた人で、本を私に手渡すときに彼女が言った「何かあって落ち込んだりしたときに読んでごらんなさい。人生なんて、とても単純なものなのよね」という言葉がいまでも耳について離れません。

さて、これ以上の解説は、アレンの本には必要ないように思います。あらゆる先入観を排除して、じっくりとお読みになってください。この本が世界中でいまだに売れつづけている理由も、それでよくおわかりいただけるはずです。

二〇〇三年　三月

桜川村にて
坂本貢一

「原因」と「結果」の法則

contents

装幀・櫻井 浩（⑥Design）

はじめに

この小冊子は、私の瞑想《めいそう》と体験のなかから生まれたものです。よって、私はこれを、昔から頻繁に論じられてきた「思考のパワー」の完璧《かんぺき》な解説書である、などと主張するつもりはまったくありません。私がこの本を通じて行っていることは説明というよりも提案であり、その目的は、できるだけ多くの人たちが、みずからの手で、「自分こそが自分の人生の創り手である」という真実に気づくのをうながすことにあります。

私たちは、自分自身が選び、めぐらしている思いによって、自分の人生を創り上げています。心は、人格という内側の衣と、環境という外側の衣の双方の、熟練した織り手です。そして、それらの衣は、これまでは暗闇《くらやみ》と苦悩のなかで織られてきたかもしれません。でも、それらは、そもそも光と幸せのなかで織られてしかるべきものなのです。

ジェームズ・アレン

思いと人格

私たちの人生は、
ある確かな法則にしたがって創られています。
私たちがどんな策略をもちいようと、
その法則を変えることはできません。

「人は誰も、内側で考えているとおりの人間である」という古来の金言は、私たちの人格のみならず、人生全般にあてはまる言葉です。私たちは、文字どおり、自分が考えているとおりの人生を生きているのです。なかでも人格は、私たちがめぐらしているあらゆる思いの、完璧な総和です。

植物は種から芽生えます。それは、種なくしてはあらわれることができません。そして、私たちの行いもまた、内側で密《ひそ》かにめぐらされる思いという種から芽生えます。これもまた、その種がなければあらわれることがありません。意識的に行うことでも、無意識のうちに行うことでも、ひとつとして例外はありません。

行いは思いの花であり、喜びや悲しみはその果実です。そうやって私たち人間は、自分自身が育てる、甘い、あるいは苦い果実を収穫しつづけるのです。

心の中の思いが　私たちを創っている
私たちは　自分の思いによって創り上げられている

私たちの心が邪悪な思いで満ちているとき
私たちには　いつも痛みがつきまとう
雄牛を悩ます荷馬車のようにして

もし私たちが清い思いばかりをめぐらしたなら
私たちには喜びばかりがつきまとう
私たち自身の影のようにして

私たちの人生は、ある確かな法則にしたがって創られています。私たちがどんな策略をもちいようと、その法則を変えることはできません。「原因と結果の法則」は、目に見える物質の世界においても、目に見えない心の世界においても、つねに絶対であり、ゆらぐことがないのです。

私たちの誰もが内心では手にしたいと考えている、気高い神のような人格は、神からの贈り物でもなければ、偶然の産物でもありません。それは、くり返しめぐらされつづけた、気高く、正しい思いの、自然な結果です。そして、卑しい獣のような人格は、卑しく、誤った思いの、やはり自然な結果です。

私たちは、自分自身の思いによって、自分をすばらしい人間に創りあげることもできれば、破壊してしまうこともできます。心という思いの工場のなかで、私たちは、自分自身を破壊するための兵器をつくりつづけることもできますし、強さと喜びと穏やかさに満ちた美しい人格を創るための、優れた道具をつくりつづけることもできるのです。

正しい思いを選んでめぐらしつづけることで、私たちは気高い、崇高な人間へと上昇することができます。と同時に、誤った思いを選んでめぐらしつづけることで、獣のような人間へと落下することもできるのです。そして、その両極端のあいだにはさまざまなレベルの人格があり、人間はまた、それらの創り手でもあり、主人でもあります。

私たちの魂に響くあらゆる美しい真実のなかで、次の真実ほどに私たちを喜ばせるものはありません。そのなかには、私たちに対する神からの信頼と約束が込められています。

「人間は思いの主人であり、人格の制作者であり、環境と運命の設計者である」

私たち人間は、強さと知性と愛を備えた生き物です。と同時に、自分自身がめぐらす思いの主人なのです。

私たちは、人生で直面するどんな状況にも賢く対処する能力と、自分自身を望みどおりの人間に創り上げるために使うことができる、変容と再生のための装置を内側にもっています。

私たちは、たとえもっとも弱い、もっとも落ちぶれた状態にあるときでも、つねに自分自身の主人です。ただし、そのときの私たちは、自分の所帯を誤って治めている、愚かな主人です。

私たちは、自分の人生に深く思いをめぐらし、それを創り上げている法則をみずからの手で発見したときから、自分自身の賢い主人となり、自分自身を知的に管理しながら、豊かな実りへとつづく思いを次々とめぐらすようになります。そのときから私たちは、自分自身の意識的な主人となります。

でも、私たちがそうなるためには、まず、自分の内側で機能している「原因と結果の法則」をはっきりと認識しなければなりません。そしてその認識は、みずからの試みと経験と分析によってのみもたらされます。

黄金やダイヤモンドは、ねばり強い調査と試掘のあとで、はじめて発見されます。そして私たちは、自分の心の鉱山を十分に深く掘り下げたときに、はじめて自分自身に関する真実を発見できます。

もしあなたが、自分の思いの数々を観察し、管理し、変化させながら、それらが自分自身に、またほかの人たちに、さらには自分の人生環境に、どのような影響をおよぼすものなのかを入念に分析したならば……忍耐強い試みと分析によって、日常的で些細《ささい》な出来事をも含む、自分のあらゆる体験の「原因」と「結果」を結びつけたならば……「人間は自分の人格の制作者であり、自分の環境と運命の設計者である」という真実に必ず行き着くことになるでしょう。

人間にとって、自分自身に関するこの真実を身をもって知ることは、悟りであり、知恵とパワーの獲得にほかなりません。

「求めよ。さらば与えられん」あるいは「扉はそれを叩く者に開かれる」という絶対法則は、ほかのどんな方向にでもなく、この方向にのみ存在しています。知恵の寺院の扉は、忍耐とあくなき探求なくしては、けっして開かれることがないのです。

思いと環境

自分の心をしっかりと管理し、
人格の向上に努めている人たちは、
「環境は思いから生まれるものである」
ということを熟知しています。

人間の心は庭のようなものです。それは知的に耕されることもあれば、野放しにされることもありますが、そこからは、どちらの場合にも必ず何かが生えてきます。

もしあなたが自分の庭に、美しい草花の種を蒔《ま》かなかったなら、そこにはやがて雑草の種が無数に舞い落ち、雑草のみが生い茂ることになります。

すぐれた園芸家は、庭を耕し、雑草を取り除き、美しい草花の種を蒔き、それを育みつづけます。同様に、私たちも、もしすばらしい人生を生きたいのなら、自分の心の庭を掘り起こし、そこから不純な誤った思いを一掃し、そのあとに清らかな正しい思いを植えつけ、それを育みつづけなくてはなりません。

もしあなたがその作業をつづけたならば、やがて必ず「自分は自分の心の園芸主任であり、自分の人生の総責任者である」という事実に気づくことになります。自分の人格、環境、および運命の形成に、自分の思いがどのような影響を与えているのかを、日を追うごとに、より明確に理解していくことになるでしょう。

思いと人格はひとつです。そして、人格は環境を通じて、それ自身を表現しています。よって、私たちの環境は、私たちの内側の状態とつねに調和しています。ただしそれは「私たちの環境を構成しているさまざまな状況は、どれもがみな、それぞれに、その時点における私たちの全人格のあらわれである」という意味ではありません。そうではなく、「私たちの環境を構成しているさまざまな状況は、どれもがみな、それぞれに、私たちの人格を構成する特定の重要な要素のあらわれである」という意味です。そして、それらの状況のすべてが、私たちのその時点以降の進歩にとって、決定的に重要なものなのです。

　私たち人間は、私たちを存在させている法則でもある「原因と結果の法則」にしたがい、つねにいるべき場所にいます。私たちが自分の人格のなかに組み込んできた思いの数々が、私たちをここに運んできたのです。よって、人生には、偶然という要素はまったく存在しません。私たちの人生を構成しているあらゆる要素が、けっして誤ることを知らない法則が正確に機能した結果なのです。環境に不満を感じていようと、満足していようと、同じことです。

私たちは、進歩し、進化する生き物であり、どんなときにも自分が学び、成長を遂げるために最適な場所にいます。そして、もし私たちが、ある環境で必要な学習を積んだならば、その環境は間もなく、次の新しい環境に取って代わられることになります。

私たちは、自分を環境の産物だと信じているかぎり、環境によって打ちのめされる運命にあります。しかし、「自分は創造のパワーそのものであり、環境を育むための土壌と種（心と思い）を自由に管理できる」ということを認識したときから、自分自身の賢い主人として生きられるようになります。

自分の心をしっかりと管理し、人格の向上に努めている人たちは、「環境は思いから生まれ出るものである」ということを熟知しています。なぜならば、すでにかれらは、環境の変化と心の状態の変化が、つねに連動していることに気づいているからです。人間は、自分自身の人格的な欠陥を意欲的に正し、素早い、目に見えた進歩を遂げたとき、それに見合った速やかな環境の変化を体験することになります。

心は、それ自身が密かに抱いているものを引き寄せます。それは、それ自身がほんとうに愛しているもの、あるいは恐れているものを引き寄せるのです。心は、清らかな熱望の高みにいたりもすれば、けがれた欲望の底にまで落ちもします。そして環境は、心がそれ自身と同種のものを受け取るための媒体です。

「原因と結果の法則」のしくみ

心の中に蒔かれた(あるいは、そこに落下して根づくことを許された)思いという種のすべてが、それ自身と同種のものを生み出します。それは遅かれ早かれ、行いとして花開き、やがては環境という実を結ぶことになります。良い思いは良い実を結び、悪い思いは悪い実を結びます。

外側の世界である環境は、心という内側の世界に合わせて形づくられます。そして、好ましい環境と好ましからざる環境の双方が、究極的には、そこに住む人間の利益に貢献します。人間は、自分自身の果実の収穫人として、苦悩と喜びの双方から学ぶことができるからです。

人間は、心の奥底の支配的な思いにつきしたがい、誤った行いをつづけながら、また正しい行いに努めながら、やがては、それらの果実である自分自身の外部環境に行き着くことになります。「原因と結果の法則」はあらゆる場所で機能しているのです。

人々が刑務所に入ったり貧困に苦しんだりするのは、過酷な運命や環境のせいなどではけっしてありません。かれらがそうなるのは、ひとえに、かれら自身の不純な思いと利己的な願望のせいなのです。澄んだ心をもつ人間は、たとえどんな誘惑を受けようとも、けっして犯罪に走ったりすることはありません。心の中で養われ、パワーを増した犯罪思考が、機会をとらえてそれ自身を外部に漏らしたとき、犯罪は発生します。

環境は人間を創りません。私たちの環境は、私たち自身のことを外側に漏らすのみです。気高い思いばかりをめぐらしている人が、邪悪な道に落ち、苦悩する、などということはけっして起こりません。同様に、邪悪な思いばかりをめぐらしている人が、気高い目標を達成して真の幸せを感じる、などということも絶対に起こりません。

人間は自分の思いの主人です。よって人間は、自分の人格の制作者であり、環境の設計者なのです。私たちは、自分が望んでいるものではなく、自分と同種のものを引き寄せます。口先だけのきれいごとやたんなる夢物語の類は、成長をことごとく阻まれますが、もっとも内奥にある真の思いや願望は、たとえそれが清らかなものであろうと、けがれたものであろうと、それ自身の食べ物をもち、それによって着々と育まれます。

私たちの魂さえも、誕生に際して、それと同種の肉体にやって来ます。そして魂は、この世界における学習体験をひとつひとつ積み重ねながら、その時点における自身の気高さ（あるいは卑しさ）と強さ（あるいは弱さ）の如実な投影である環境を、次々と自身のもとに引き寄せます。

私たちの運命を決定する神は、私たち自身の内側にいます。私たちの思いこそがそれなのです。私たちは、自分自身によってのみ束縛されます。思いや行いが「不運の悪魔」として機能するときにです。そのときそれらは、私たちを束縛する忌まわしい「看守」たちです。しかし、それらはまた「自由の天使」としても機能することがあります。そして、そのときそれらは、私たちをあらゆる束縛から解放する「救済者」たちです。

まずは「原因」を改善すること

私たちが手にするものは、私たちが手にしたいと願い、祈るものではなく、私たちが公正な報酬として受け取るものです。私たちの願いや祈りは、私たちの思いや行いがそれと調和したものであるときにのみ叶《かな》えられるのです。

この真実の光のもとで眺めたとき、「環境と戦う」とは、どういうことなのでしょう。それは、自分自身の内側で「原因」を養いながら、外側の「結果」に戦いを挑むことにほかなりません。その「原因」は、意識的にめぐらされている不純な思いかもしれませんし、無意識のうちに手にしている弱さかもしれません。そして、たとえそれが何であっても、それは、それをもつ人間の環境を改善しようとする努力を、執拗《しつよう》に妨害しつづけます。よって、「原因」こそがまず改善されなくてはならないのです。

人々の多くは、環境を改善することには、とても意欲的ですが、自分自身を改善することには、ひどく消極的です。かれらがいつになっても環境を改善できないでいる理由が、ここにあります。

自分自身を改善するということは、真の意味での自己犠牲を払うということにほかなりません。真の自己犠牲とは、心の中からあらゆる悪いものを取り払い、そこを良いものだけで満たそうとする作業です。

自分自身を意欲的に改善しようとする人間は、明確に設定した目標の達成に、けっして失敗することがありません。物質的な目標をめざすときでも、知的、精神的な目標をめざすときでも、まったく同じことです。たとえ富の獲得だけをめざしている人間でも、その目標を達成するためには、大きな自己犠牲を払わなくてはなりません。もしあなたが、バランスのとれた真に幸せな人生を手にしたいと願うなら、なおさらそうしなくてはなりません。

ここに、悲しいまでに貧しい男がいます。彼は、自分のあらゆる環境が改善されることを願っています。しかし彼は、報酬が少ないということを理由に、仕事をさぼること、つまり、自分の雇い主をだますことを選んでいます。彼は、真の豊かさを築くための原則を何ひとつ理解していません。彼は、貧困からはい上がるにまったく値しないばかりか、怠け心、ずるい思い、卑屈な考えにふけり、それにしたがって行動することで、より深刻な貧しさを自分自身に引き寄せつつあります。

ここに、暴飲暴食の結果として深刻な慢性病を患っている、裕福な男がいます。彼は、健康を取り戻すことにはとても意欲的で、そのために莫大《ばくだい》なお金をつぎ込んでいます。しかし、自分の欲望は何ひとつ犠牲にしようとはしていません。異常な食欲を満たしたいと願ういっぽうで、健康も手にしたいと願っているのです。言うまでもなく、彼は健康を手にするに値しない人間です。健康に生きるための第一の原則を、まったく学んでいないからです。

ここに、自分自身の繁栄を願い、従業員に払うべき賃金を不当に削っている雇い主がいます。しかし、そんな人間は、まったくもって繁栄するに値しません。彼は、自分の会社が破産したり信用を落としたりすると、自分がそのいちばんの責任者であるにもかかわらず、それをすべて従業員や環境のせいにする、というタイプの人間です。

ここで以上の三例を紹介したのは、「私たちの環境を創っているのは、私たち自身である」ということに加えて、「私たちは、良い結果に狙《ねら》いを定めながらも、その結果と調和しない思いをめぐらすことによって、その達成をみずから妨害しつづける傾向にある」という真実を指摘したかったからです。この傾向は、放置されるとますます強まり、多様化する危険をはらんでいます。

しかしそれも、自分自身の心と人生内で機能している「原因と結果の法則」を意欲的に観察し、理解することに努めることで、消滅へと向かうようになります。そして、その努力がなされるまでは、環境が私たちの魂の状態を理解するための目安となることは、ありえません。

宇宙はつねに公平です

また、環境はきわめて複雑です。そこには、個人のさまざまな思いが深く根づいていています。幸せの条件は個人によってさまざまである、という事実もあります。よって、私たちの魂の総合的な状態を、私たちの人生の外面的特徴のみからほかの誰かが知ることは（私たち自身は知ることができるかもしれませんが）、とうてい不可能なことです。

とても正直そうに見えるのに、貧しさに苦しんでいる人がいます。また、ひどく不正直に見えるのに、大きな富を手にしている人もいます。そこで人々は、「あの人は正直すぎるからお金がたまらないんだ」あるいは、「あの人は不正直だからお金がたまるんだ」などということを、よく口にしています。

しかし、それはあまりにも表面的な判断です。その判断は、特定のことに不正直な人間は、ほぼあらゆる面でけがれており、特定のことに正直な人間は、ほぼあらゆる面で清らかである、という仮定を基盤としています。より深い知恵の光をあてたならば、その種の判断が誤りであることは誰の目にも明らかなものとなるはずです。

一見不正直で裕福な人間は、一見正直で貧しい人間がもたない美徳を大量にもっているかもしれませんし、逆に、後者は、前者がもたない不徳を大量にもっているかもしれません。つまり、かれらの双方が、自分自身の正直な思いや行いの果実である良い結果と、自身の不正直さが創りだしている苦悩の双方を、同時に体験している可能性が、きわめて高いのです。

「あまりにも善人すぎると、苦悩が絶えない」などという迷信を受け入れることは、自分自身を改善する努力を放棄したい人にとっては、好都合なことかもしれません。しかしながら、私たちは、自分自身の病的な思い、悪意に満ちた思い、不純な思いを、すべて撲滅し、心の中のあらゆるけがれを洗い流さないかぎり、「人間は善人すぎると苦労する」などということを口にする権利さえ手にできません。知りもしないことを、どうして口にできるでしょう。

しかし、もしあなたが、その至高の峰をめざしつづけたならば、その過程で（峰にいたる、はるか以前の段階で）、「自分の心と人生内で機能している法則は完璧に公正であり、それが、悪に対して善で報いたり、善に対して悪で報いたりすることは絶対にありえない」ということを知るでしょう。

この知識を手にした人間は、つづいて、自分のそれまでの無知と盲目をふり返りつつ、自分のそれまでの人生がつねに正当な秩序によって形づくられてきたことに気づくことになります。そのとき人間は、とても自然に、自分の過去の体験のすべてが、たとえ良いものであれ悪いものであれ、自分の進歩しつつある（しかし未熟な）自己を如実に投影するものにほかならなかったことを知るでしょう。

良い思いや行いはけっして悪い結果を発生させませんし、悪い思いや行いはけっして良い結果を発生させません。これは、トウモロコシからはトウモロコシ以外のものはけっして成長しないこと、あるいは、イラクサからはイラクサ以外のものはけっして成長しないことと同じくらい明らかなことです。

この法則が自然界のなかで機能していることは、誰もが知っています。でも、それが個人の人生のなかでもまったく同じように機能しているという事実を認識している人は、とても少数です。そしてそのために、ほとんどの人たちは、それと協調して生きていません。

苦悩は、つねに何らかの方面の誤った思いの結果です。苦悩は、それを体験している個人が、自分を存在させている法則との調和に失敗していることの、明確なサインです。

苦悩の最大の、そしておそらく唯一の役割は、無益で不純なあらゆるものを浄化すること、あるいは焼き払うことです。完璧に清らかな人間には、苦悩はけっして訪れません。ドロス〔※金属を溶かしたときに、溶湯表面に浮上する金属酸化物〕を取り除いたあとで金を火にかけることに、何の意味があるでしょう。完璧に浄化され、高められたものが苦悩を体験する必要など、どこにもないのです。

私たちに苦悩をもたらす環境は、私たち自身の精神的混乱の結果です。私たちに喜びをもたらす環境は、私たち自身の精神的調和の結果です。喜びは正しい思いの結果であり、苦悩は誤った思いの結果なのです。

私たちは、苦悩を体験しながら富を手にすることもできますし、喜びを体験しながら貧しくなることもできます。喜びと富は、富が正しく入手され、賢くもちいられたときにのみ、ひとつになります。そして貧しい人たちは、自分の人生を不公平な重荷としてとらえたとき、より深い苦悩のなかへと落ち込んでいきます。

極端な貧しさと貪欲さは、不幸せのふたつの極致です。それらは等しく不自然であり、どちらも精神的混乱の結果です。人間は、幸せ、健康、およびある程度の豊かさを手にできないかぎり、人間としての機能をけっして十分には果たせません。幸せ、健康、豊かさは、内側と外側、すなわち、心と環境との、争いのない平和な間柄の結果です。

私たちは、愚痴を言ったり罵《ののし》ったりすることをやめ、自分の人生を調整している「隠れた正義」の存在を認識し、それに自分の心をしたがわせはじめたときから、真の人間として生きはじめます。そのときから私たちは、自分の環境の悪さをほかの人たちのせいにするのをやめ、強く気高い思いをめぐらすことに努めつつ、自分自身を強化しはじめます。環境と戦うことをやめ、それを、自分のより急速な進歩のために、また、自分の隠れた能力や可能性を発見するための場所として、有効に利用しはじめます。

宇宙の秩序を知りましょう

この宇宙を動かしているのは、混乱ではなく秩序です。その一部である私たちの人生や社会を根底で支配しているのも同じ秩序であり、それは、不正義や不公平さではなく、正義と公平さの上に成り立っているのです。

人間は、自分自身を正すことによって、はじめて宇宙の正義と公平さを知ることができます。その過程で人間は、周囲の人たちや状況に対する自分自身の姿勢を改めると、自分に対するそれらの姿勢もまた、速やかに改まるものであることを、身をもって知ることになります。

この真実を立証することは、誰にでもできます。これは、自分の心と環境の動きを謙虚に根気強く観察し、分析することによって、誰もが容易に認識できることなのです。自分がめぐらす思いの内容を急激に変化させたとき、まずほとんどの人が、人生内の物理的な状況の急激な変化を体験して驚くことになります。

私たちの多くは、自分が密かにめぐらしつづけている思いを、隠し通せるものだと信じ込んでいます。しかしながら、そんなことはとうてい不可能なことです。それはまず生き方として、つづいて環境として、その姿を明確にあらわすことになるからです。

動物的な思いは、自制の利かない肉欲的な生き方として、つづいて貧しさや病気に満ちた環境として姿をあらわします。あらゆる種類のけがれた思いが、活力を欠いた、混乱した生き方として、つづいて苦難に満ちた、不愉快な環境として姿をあらわします。

恐怖や疑いに満ちた思いは、優柔不断で臆病《おくびょう》な生き方として、つづいて、失敗や困難に満ちた環境として姿をあらわします。怠け心は不潔で不正直な生き方として、つづいて、よごれた貧しい環境として姿をあらわします。

敵意に満ちた意地悪な思いは、つねに他人を非難する生き方として、つづいて、不安と恐怖に満ちた環境として姿をあらわします。あらゆる利己的な思いが、身勝手な生き方として、つづいて敵ばかりのいる環境として姿をあらわします。

いっぽう、気高い思いは、自制の利いた穏やかな生き方として、つづいて平和にあふれた静かな環境として姿をあらわします。清らかな思いは、そのすべてが慈愛と思いやりに満ちた生き方として、つづいて明るい快適な環境として姿をあらわします。

勇気と信念に満ちた思いは、速やかに決断し、行動する生き方として、つづいて自由と成功と豊かさに満ちた環境として姿をあらわします。活気にあふれた思いは、前向きで積極的な生き方として、つづいて喜びに満ちあふれた環境として姿をあらわします。

好意的で寛容な思いは、優しさにあふれた生き方として、つづいて安全と安心に満ちた環境として姿をあらわします。愛に満ちた思いは、人々に奉仕する生き方として、つづいて永続的な繁栄と真の富に満ちた環境として姿をあらわします。

あなたの環境は、あなたの心を映す万華鏡です

心の中でくり返しめぐらされる思いは、たとえ良いものでも、悪いものでも、人格と環境内でそれ自身の結果を発生させることに、けっして失敗することがないのです。

私たちは、自分の環境を直接はコントロールできないかもしれません。でも、自分の思いは完璧にコントロールできます。よって、私たちは間接的に、しかし明らかに、自分の環境をコントロールすることができます。

宇宙は、私たちがめぐらす思いの具現化を、つねに援助してくれています。私たちが良い思いをめぐらそうと、悪い思いをめぐらそうと、それをもっとも速やかに具現化させるための好機の数々が、私たちの前に休みなくあらわれつづけているのです。

もし私たちが、意地悪な思いを捨て去ったなら、そのときから世界中が私たちに優しく接し、私たちを援助しようとしはじめることになります。もし私たちが、

病的で弱々しい思いを放棄したならば、私たちの強い決意を援助すべく、あらゆる好機が湧き上がってくるでしょう。もし、私たちが正しい思いのみをめぐらしつづけたならば、たとえいかなる不運であっても、私たちに悲しみや辱めを与えることはできなくなります。

あなたの環境は、あなた自身の心を映す万華鏡です。その鏡のなかで刻一刻と変化する多様な色彩のコンビネーションは、動くことをやめないあなたの思いの数々が、絶妙に投影されたものにほかならないのです。

あなたは　あなたがなろうとする人間になる
卑しい心は　失敗の原因を見つけるべく　環境に目をやるかもしれない
しかし　気高い心はそれをたしなめ　つねに自由である
気高い心は時間をしたがえ　空間を征服する

それは　偶然という ほら吹きの詐欺師を怯《おび》えさせ
環境という専制君主から王冠を奪い　意欲的に奉仕する

人の意思　その不可視のパワー　その不滅の魂の子孫は
いかに分厚い岩壁をも貫き　目標への道を切り開く

遅々とした歩みのなかでも　忍耐を崩してはならない
理解する者として待つことだ
気高い心が立ち上がり命じたならば　神々は必ずそれに応えてくる

思いと健康

きれいな思いは、
きれいな習慣を創りだします。
自分の心を洗わない聖者は、
聖者ではありません。

肉体は心の召使いです。それは、心の中でめぐらされる思いに、つねにしたがっています。意識的に選ばれる思いであろうと、反射的にめぐらされる思いであろうと、まったく関係なしにです。肉体は、暗くけがれた思いにつきしたがい、病気や衰退へと沈んでいくこともすれば、楽しく美しい思いにつきしたがい、健康と若さの衣を身にまとうこともします。

病気と健康は、環境同様、心の中でめぐらされる思いの明らかなあらわれです。病的な思いは、それ自身を病的な肉体を通じて表現します。

恐れは、人間を弾丸にも劣らぬ速さで殺すことさえあります。それは、また、はるかにゆっくりとではありますが、別のさまざまな方法で、無数の人々を確実に殺しつづけてもいます。病気を恐れながら生きている人たちは、やがてそれを実際に手にする人たちです。

あらゆる種類の不安が肉体を混乱させ、混乱した肉体は、病気に対して無防備です。けがれた思いは、たとえ行動に移されなくても、神経系をずたずたにしてしまいます。強くて清らかで幸せな思いは、活力に満ちた美しい肉体を創り上げます。肉体は、繊細で柔軟な装置であり、くり返される思いに速やかに反応します。心の中でくり返しめぐらされている思いは、それが良いものでも悪いものでも、その内容に応じた結果を、肉体内で確実に発生させているのです。

人間は、けがれた思いをめぐらしつづけているかぎり、けがれた血液を手にしつづけることになります。きれいな心からは、きれいな人生ときれいな肉体が創られ、けがれた心からは、けがれた人生とけがれた肉体が創られます。私たちが思うことは、私たちの行い、肉体、環境および、私たちが手にするあらゆる体験の源です。その源をきれいにしたならば、すべてのものがきれいになります。

いくら食生活を改善しても、自分の心を改めようとしない人間には、ほとんど効果がありません。しかしながら、つねに清らかな思いをめぐらせるようになったとき、人間はもはや、病原菌を気づかう必要さえなくなります。そのときから人間は、とても自然に、体に悪い食べ物を好まなくもなります。

いつも心を美しく

きれいな思いは、きれいな習慣を創りだします。自分の心を洗わない聖者は、聖者ではありません。自分の心を強化し、浄化した人間は、そのときから、もはや病気とは無縁になります。

もしあなたが自分の肉体を完璧な状態にしたいのなら、自分の心を守ることです。肉体を再生したいのなら、心を美しくすることです。悪意、羨望《せんぼう》、怒り、不安、失望は、肉体から健康と美しさを奪い去ります。憂鬱《ゆううつ》な顔は偶然の産物ではありません。それは憂鬱な心によって創られます。醜い皺《しわ》は、愚かな思い、理性を欠いた思い、高慢な思いによって刻まれます。

私は、少女のような輝きと清らかさに満ちた顔をもつ、九十六歳の女性を知っています。私はまた、ひどく老け込んだ外見をもつ、とても若い男性も知っています。かたや優しく明るい心の結果であり、かたや理性を欠いた思いといらだちの結果です。

あなたの家を明るく快適な住処《すみか》とするためには、そこを空気と日の光で満たさなければなりません。同様に、強い肉体と明るく穏やかで幸せな顔つきは、喜びと善意と穏やかさによって、心が十分に満たされることによってのみ創られます。

年長者たちの顔には、さまざまな皺が刻まれます。皺は思いやりによっても、強く気高い思いによっても、また理性を欠いた思いによっても創られます。それらを識別できない人間が、この世にいるでしょうか。

正しく生きつづけている人たちにとって、老化はとてもゆるやかで穏やかです。かれらは、静かに沈みゆく太陽のように、徐々に円熟味を増しつつ年齢を重ねていきます。最近私は、ある哲学者の臨終に立ち会いました。彼は、年齢を積み重ねてはいましたが、けっして老いてはいませんでした。彼は幸せに、穏やかに息を引き取りました。それは、それまでの彼の生き方そのものでした。

楽しい思いは、どんな医師よりも上手に、肉体から病気を一掃します。善意は、どんな癒《いや》し人よりも速やかに、嘆きと悲しみの影を霧散させます。

悪意、皮肉、疑い、羨望などで心を満たしつづけているとき、人間は、みずから創りあげた牢獄のなかに、みずからを閉じこめているようなものです。

いっぽう、つねに愛に満ちた思いをめぐらしながら、あらゆる人に好意を抱き、あらゆる人と楽しく接し、忍耐をもってあらゆる人のなかに良いものを探しつづけることは、天国への王道です。

あらゆる生命体に対する深い思いやりとともに毎日を生きる人間には、大いなる安らぎがもたらされます。

思いと目標

人間を目標に向かわせるパワーは、

「自分はそれを達成できる」

という信念から生まれます。

疑いや恐れは、
その信念にとって最大の敵です。

「原因」と「結果」の法則

ジェームズ・アレン 著／坂本 貢一 訳

アール・ナイチンゲール、デール・カーネギーほか「現代成功哲学の祖たち」がもっとも影響を受けた伝説のバイブル。聖書に次いで一世紀以上ものあいだ、多くの人に読まれつづけている驚異的な超ロング・ベストセラー、初の完訳！

定価 1260 円
978-4-7631-9509-8

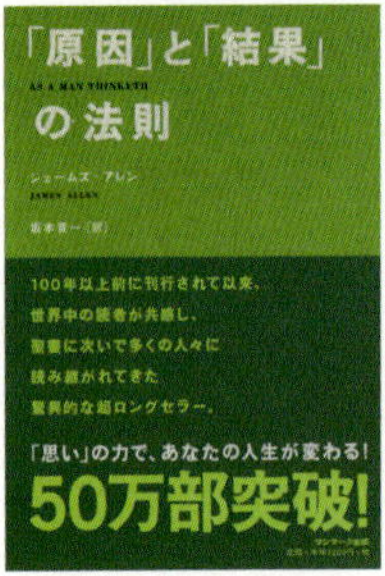

生き方

稲盛 和夫 著

大きな夢をかなえ、たしかな人生を歩むために一番大切なのは、人間として正しい生き方をすること。二つの世界的大企業・京セラとKDDIを創業した当代随一の経営者がすべての人に贈る、渾身の人生哲学！

定価 1785 円
978-4-7631-9543-2

「空腹」が人を健康にする

南雲 吉則 著

お腹が「グーッ」と鳴ると、体中の細胞が活性化する！「生命力遺伝子」を活用して美しく元気に生きる方法！メディアで続々紹介！話題のドクター本。

定価 1470 円
978-4-7631-3202-4

思いと目標が結びつかないかぎり、価値ある物事の達成は不可能です。でも、目標をもたないために人生の海原を漂流している人たちが、驚くほどたくさんいます。目標をもたないことの弊害は、あまりにも大きいと言わざるをえません。人生のなかでの漂流は、誰にとっても、もしそのなかで遭難したくないならば、絶対にやめなくてはならないことです。

私たちは、人生の目標をもたないとき、つまらないことで思い悩んで、よけいな苦悩を背負ってみたり、ちょっとした失敗ですぐに絶望してしまう傾向にあります。それは弱さのサインであり、誤った行いと同様、たどるルートは異なりますが、私たちを失敗と不幸せへと導きつづけます。そもそも弱さとは、このパワフルに進化をつづける宇宙内では存続することさえままならないものなのです。

人間は、理にかなった人生の目標を心に抱き、その達成をめざすべきです。その目標に、自分の思いを集中して向けつづけるべきです。その目標は、そのときどきの内側の状態にしたがって、精神面の理想であることもあれば、物質的な目標であることもあるでしょう。そして、そのどちらであっても、もし人生の漂流者となりたくないのなら、自分自身の思いを、みずからの手で設定したその目標に集中して向けつづける必要があります。

私たちは、その大きな目標の達成を第一の義務として、毎日を生きるべきです。自分の思いを、はかない夢物語やあこがれ、妄想などの上に漂わせたりするのではなく、その目標に集中して向け、意欲的に達成をめざすべきです。

それによって私たちは、集中力と自分をコントロールする能力を磨くことにもなります。そして、自分をコントロールする能力を磨くことこそが、自分を強化する最善の策なのです。

たとえ、その目標の達成にくり返し失敗したとしても（弱さが克服されるまでは、それが必然です）、それを通じて身につけることのできる心の強さは、真の成功の確かな礎として機能することになります。個々の失敗は、それぞれが輝かしい未来に向けた新しい出発点にほかならないのです。

大きな目標を発見できないでいる人は、とりあえず、目の前にある自分がやるべきことに、自分の思いを集中して向けるべきです。その作業がいかに小さなものに見えようと、問題ではありません。そうやって、目の前にあるやるべきことを完璧にやり遂げるよう努力することで、集中力と自己コントロール能力は確実に磨かれます。

そして、それらの能力が十分に磨き上げられたとき、達成が不可能なものは何ひとつなくなります。間もなく、とても自然に、より大きな目標が見えてくるはずです。

疑いと恐れを克服しよう

どんなに弱い人間も、自分自身の弱さを知り、「強さは持続的な鍛錬によってのみ開発される」という真実を信じたときから、奮闘・努力を開始します。そして、努力に努力を重ね、忍耐に忍耐を重ね、強化に強化を重ねることで、やがてはすばらしく強い人間へと成長することになります。

虚弱な肉体をもつ人間が、それを忍耐強いトレーニングによって強化できるように、虚弱な心をもつ人間も、それを、正しく力強い思いを意識的にめぐらしつづけることによって強化できるのです。

人生の漂流者であることをやめ、目標の達成に思いを集中しはじめることは、失敗を成功にいたる通過点だと信じる人たち、あらゆる状況を自分のために機能させる人たち、力強く考え、果敢に挑み、価値ある物事をみごとに達成する人たちの仲間に加わることです。

私たちは、目標を手にしたならば、次に、そこにいたるまっすぐな道を心の中に描き上げるべきです。そして、私たちの視線は、その右にも左にも向けられるべきではありません。

同時に、疑いや恐れは、なおも厳しく排除されなければなりません。それらは、目標の達成にいたるまっすぐな道を寸断したり、ねじ曲げたりすることで、あらゆる努力の効果を削減、あるいは皆無にさえしてしまいます。

疑いや恐れは、いかなる達成にも役立ちません。それらは、私たちをつねに失敗へと導こうとします。目標、活力、行動力、およびあらゆる種類の力強い思いが、疑いや恐れの侵入とともに、本来の機能を停止します。

人間を目標に向かわせるパワーは、「自分はそれを達成できる」という信念から生まれます。疑いや恐れは、その信念にとって最大の敵です。よって、それらを抱きつづけているとき、あるいは、それらの抹殺を試みていないとき、人間は、自分の前進をみずからことごとく妨害していることに等しいことになります。

心と人生のなかでつねに機能している「原因と結果の法則」を、みずからの手で発見することです。そして、それを信頼することです。それによってあらゆる疑いや恐れが、あなたの心から去っていきます。

疑いと恐れを克服することは、失敗を超越することです。それらが克服されたとき、人間の思いは強力なパワーで満ちあふれます。あらゆる困難が果敢に立ち向かわれ、賢く克服されることになるでしょう。さまざまな目標が理にかなったときに植えられ、正しい季節の訪れとともに開花し、熟す前に落ちたりすることのない、しっかりとした果実へと成長することになるでしょう。

私たちの思いは、目標と勇敢に結びついたとき、創造のパワーになります。この事実を知る人間は、絶えずゆれ動く思いや感情の塊などよりもはるかに高いレベルの、はるかに強い何かになるための準備を、しっかりと整えた人間です。そして、この知識を実行に移すことで、人間は、自分の心のパワーを、意識的、知的に利用しはじめることになります。

思いと成功

人間は、もし成功をめざすならば、
自分の欲望のかなりの部分を
犠牲にしなくてはならないのです。

私たちが達成に成功すること、また失敗することのすべてが、私たち自身がめぐらす思いの直接的な結果です。

公正な秩序が保たれているこの宇宙内では、いかなる調和の欠如も破壊につながります。よって、そのなかで果たすべき個人の責任はとても重大です。

私たちのもつ強さも、弱さも、清らかさも、けがれも、ほかの誰のものでもなく、私たち自身のものです。それらは、ほかの誰によってでもなく、私たち自身によってのみ育まれます。

私たちの環境もまた、ほかの誰のものでもなく、私たち自身のものです。私たちの苦悩も幸せも、私たち自身の内側からあらわれます。人間は自分が考えたとおりのものになるのです。

また、強い人間が弱い人間を助けることができるのは、弱い人間が意欲的に助けを求めているときだけです。そして、たとえそのときでさえ、弱い人間は自分自身が強くならなくてはなりません。

もしあなたが強くなりたいならば、あなたがほかの人たちのなかに発見し、崇拝している強さを、自分自身の努力によって身につけなくてはなりません。あなたの人格と人生を変えることができるのは、あなただけなのです。

これまで人々は、こう言いつづけてきました。

「搾取する者が存在するために、多くの人たちが奴隷のようにして生きている。搾取する者たちはけしからん」

しかしいまや、正反対の判断から、このように言う人々も増えてきました。

「奴隷のようにして生きている人たちがいるために、搾取する者が必要とされている。奴隷のようにして生きている人たちこそが問題なのだ」

じつをいうと、搾取する人たちと搾取される人たちは、たがいに協力しあっている人たちなのです。そしてかれらは、どちらもつねに苦悩を手にし、その責任を相手側に向けていますが、実際に悪いのは自分たち自身にほかなりません。

深い理解の持ち主たちは、搾取する側が誤ってもちいているパワーと、搾取される側の弱さが、同じ法則にしたがってきわめて類似した結果を導き出していることを知っています。深い愛の持ち主たちは、自分のほうこそが被害者だと主張するかれらを眺め、どちらの側にもつくことなく、双方に同等の同情を寄せています。

人間は、あらゆる身勝手な欲望を放棄しているとき、搾取する側、される側のどちらにも属していません。そして、そのとき人間は真に自由な状態にあります。もしあなたが自分の心と人生を根気強く観察し、分析したならば、弱さとはそもそも身勝手な欲望から発しているものである、ということにも気づくはずです。

私たちは、自分の心を高めることによってのみ上昇し、克服し、達成します。そして、その努力を怠ることによってのみ、弱さ、絶望、苦悩のなかに留まりつづけるのです。

人間は、価値ある物事を達成するためには、たとえそれが、どんなに世俗的な物事の達成であっても、身勝手な欲望のなかから抜け出さなくてはなりません。

人間は、もし成功をめざすならば、自分の欲望の（すべては無理でも）かなりの部分を犠牲にしなくてはならないのです。

成功を手にできないのは、どんな人？

自分の欲望を優先させる人間は、明晰《めいせき》な思いもめぐらせず、秩序だった計画も立てられません。自分の真の能力を発見することも開発することもできず、何を試みても失敗するでしょう。

自分の心を正しくコントロールする努力を怠っているかぎり、私たちは、大きな影響力をおよぼしたり重要な責任を果たしたりできる地位には、けっしてつくことができません。そのとき私たちは、みずからの足で立ち、責任ある行動をとることができない人間です。そして、その限界は、私たち自身が選び、めぐらしている思いによって創りだされているのです。

私たちは、犠牲を払うことなくしては、いかなる進歩も成功も望めません。私たちの成功は、私たちがその達成をどれだけ強く決意し、その計画の上にいかに強く心を固定するかに加えて、自分の欲望をどれだけ犠牲にできるかにかかっています。そして、私たちが自分の心を高めれば高めるほど……より気高く、より公正な人間になればなるほど……私たちの成功は、より大きな、より祝福された、より持続的なものとなります。

宇宙は、たとえ表面的にはどのように見えようと、貪欲《どんよく》な人間、不正直な人間、不道徳な人間を、けっして援助することがありません。宇宙は、慎み深い人間、正直な人間、清らかな人間のみを支え、援助するのです。

過去の偉大な教師たちのすべてが、このことをさまざまな言い回しで指摘しています。そして人間は、自分の心を高め、より気高い人間となる努力をつづけることで、身をもってこの事実を証明することができます。

知的達成は、知識の探求……生命と自然が内包する美と真実の追求……に捧《ささ》げられた、深い思いの結果です。この種の達成は、ときおり、虚栄心や野望と結びつけられることがありますが、そういった仮定は誤りです。あらゆる知的達成が、粘り強い努力と非利己的で純粋な思いの自然な結果にほかなりません。

精神的達成は、神聖な熱望の果実です。身勝手な欲望を放棄し、けがれのない美しい思いのみをめぐらそうと努めつづける人間は、太陽が天に昇り、月が満ちるのとまったく変わらぬ確かさで気高い人格を手にし、人々に大きな影響をおよぼすとともに、かれらからの大きな敬意を手にしうる地位へと上昇することになります。

あらゆる種類の価値ある達成が、努力と思いによってもたらされる王冠です。自己コントロール、決意、けがれのない思い、気高い思い、正しい思いの援助を得て、人間は上昇します。自己コントロールの欠如、怠け心、けがれた思い、卑しい思い、誤った思いの援助を得て、人間は降下します。

そして人間は、この世界におけるすばらしい成功へ、さらには、精神世界内の気高い地位へとさえ上昇したあとで、身勝手な思い、けがれた思いなどにふたたび身を任せることで、弱さと卑しさのなかにふたたび降下することもできます。

成功を維持するためには、警戒が不可欠です。大きな達成を果たしたとたんに手を抜いてしまい、あっという間に落伍者の群れのなかに転落していった人々がどれほど多いことでしょう。

たとえ実業面の達成であっても、知的、精神的な達成であっても、とにかくあらゆる達成が、明確に導かれた思いの結果であり、同じ法則にしたがい、同じ行程を経て出現します。それぞれの達成間に存在する違いは、その対象となるものが異なっているということだけです。

成功を手にできないでいる人たちは、自分の欲望をまったく犠牲にしていない人たちです。人間は、もし成功を願うならば、それ相当の自己犠牲を払わなくてはなりません。大きな成功を願うならば、大きな自己犠牲を、この上なく大きな成功を願うならば、この上なく大きな自己犠牲を払わなくてはならないのです。

ビジョン

気高い夢を見ることです。
あなたは、あなたが夢見た人間になるでしょう。
あなたの理想は、
あなたの未来を予言するものにほかなりません。

理想家たちは、この世界の救い主たちです。目に見える世界が目に見えない世界によって支えられているように、人類は、厳しい状況に直面しているときにも、過ちを犯してしまったときにも、また、つらい仕事に従事しているときにも、孤高の理想家たちの美しいビジョンによって支えられています。

人類は、理想家たちのことを忘れることはできません。理想家たちのアイデアを色あせさせたり、死滅させたりも、絶対にすることができません。人類は、かれらのアイデアにすがって生きています。心のどこかで、それがやがて現実となることを知っているからです。

理想家たちは次の世界の創り手であり、天国の建築家たちです。この世界がこんなにも美しいのは、ひとえに、かれらが生きてきたからです。もしかれらがいなかったならば、人類は遠い昔に生気を失っていたことでしょう。

気高い理想を掲げ、そのビジョンを見つづけている人間は、いつの日にか、それを現実のものにします。コロンブスは、未知の世界のビジョンを抱きつづけ、それを発見しました。コペルニクスは、ほかの無数の世界と、より広い宇宙のビジョンを抱きつづけ、それを証明しました。釈迦《しゃか》は、けがれのない美しさと完璧な平和に満ちた精神世界のビジョンを抱きつづけ、そのなかに進入しました。

理想を抱くことです。そのビジョンを見つづけることです。あなたの心を最高にワクワクさせるもの、あなたの心に美しく響くもの、あなたが心から愛することのできるものを、しっかりと胸に抱くことです。そのなかから、あらゆる喜びに満ちた状況、あらゆる天国のような環境が生まれてきます。もしあなたがそのビジョンを見つづけたならば、あなたの世界は、やがてその上に築かれることになります。

人間は誰しも、願望を抱き、その達成をめざします。しかし、身勝手な願望を達成したとき、人間は真の喜びを手にできるでしょうか。また、清らかな願望の達成をめざしている人が、生活に困ったりすることがあるでしょうか。いや、そんなことは絶対にありえません。「原因と結果の法則」は、けっしてそのようには機能しないのです。

気高い夢を見ることです。あなたは、あなたが夢見た人間になるでしょう。あなたの理想は、あなたの未来を予言するものにほかなりません。

夢は現実の苗木です。この世界でこれまでに達成された偉大な業績のすべてが、最初はたんなる夢にすぎませんでした。樫《かし》の木は、しばらくのあいだ、ドングリのなかで眠っています。鳥たちは、しばらくのあいだ、卵のなかで待っています。そして、人間の美しいビジョンのなかでは、それを実現させようとして、天使たちがせわしなく活動しています。

いまのあなたの環境は、あなたにとって好ましいものではないかもしれません。でも、もしあなたが理想を抱き、それに向かって歩きはじめたならば、いまのそんな状況はけっして長くはつづきません。理想の内側を旅しながら、その外側に立ちつづけることなど、誰にも絶対にできないことだからです。

より良い人生を夢見て

ここに、貧困のなか、過酷な労働を強いられている若者がいます。彼は、教養も技能もなく、それゆえに、不健全な職場での長時間にわたる労働を余儀なくされています。しかし彼は、より良い人生を夢見ています。知識を深め、美しく優雅な人生を生きることに思いをはせています。未来の理想的な人生環境を、心にしっかりと描き上げています。より大きな自由と可能性に満ちたそのビジョンが、彼をとらえています。現状への不満が、彼に行動を強いています。彼はいま、わずかな余暇を有効にもちいて、潜在能力の開発とパワーの強化に努めています。

すると間もなく、彼の心は、これまでの職場にはそぐわない状態へと変化します。もしそうなったとしたら、いったいどんなことが起こるのでしょう。その職場は、もはや彼の心の状態とは調和できず、それゆえに、彼の人生のなかから、まるで古い外套《がいとう》が脱ぎ捨てられるかのようにして取り払われることになります。

以後彼は、自身のパワーをさらに強化し、それにふさわしい好機の数々を次々と手にしつづけ、その種の職場には二度と戻ることがありません。

そして、長い年月が流れます。その若者は、そのあいだも努力をやめませんでした。いまや彼は、自身の心のパワーを完璧にコントロールしており、それをもちいて、世界的な影響力と権威を手にしています。いまや彼は、とてつもなく大きな責任を、いくつも担っています。

彼が話すと、見よ！　いくつもの人生が変化します。彼の一言一句が多くの人々に影響を与え、彼らの成長をうながしています。いまや彼は、まるで太陽のようです。彼の周囲を、無数の運命が回っています。いまや彼は、不変の輝かしい中心となっています。彼は、若者のときに抱いたビジョンを現実のものとしました。いまや彼は、理想とひとつになったのです。

あなたもまた、心に強く抱きつづけるビジョンを、たとえそれが美しいものであっても、そうでなくても、いつしか現実化することになります。なぜならば、あなたは、自分が密かにもっとも愛しているものへと、つねに引き寄せられることになるからです。

やがてあなたの手には、あなた自身の思いの結果が、そのままもたらされることになります。あなたはやがて、あなたが受け取るにふさわしいもの（それ以上でも、それ以下でもないもの）を手にすることになるでしょう。

いまの環境がどんなものであっても、あなたはやがて、あなたの思い、あなたのビジョンとともに、降下するか、同じ場所にとどまるか、上昇することになります。あなたは、あなたの抑えられた願望と同じほどに小さなものに、また、あなたの自由な熱望と同じほどに大きなものになります。

あらゆる成功が努力の結果です

スタントン・カーカム・デービスが、美しい言葉で書いています。

あなたはいま、帳簿つけに勤しんでいるかもしれない。しかし間もなく、扉の外に足を踏み出すだろう。その扉は長きにわたり、あなたの理想への歩みを妨げてきた。しかし、もうすぐあなたは、その扉から足を踏み出し、聴衆の前に立つことになる。あなたの耳には、なおもペンがはさまれており、手の指には、なおもインクが染みついているかもしれない。しかし、そのときあなたは、内側からほとばしり出る霊感のとめどない流れを体験することになるだろう。

あなたはいま、羊を追っているかもしれない。しかしあなたは、やがて町のなかへと足を踏み入れるだろう。そして、そこのようすに素朴な驚きを感じつつ、聖霊の大胆な導きのもと、偉大なる教師の門を叩くだろう。そして時が過ぎ、その教師は言うだろう。私に教えられることは、もう何もない。そのときから、あなたは教師となる。ほんの少し前には、羊を追いながらより良い人生を夢見ていたあなたが、である。

あなたはやがて、そのノコギリとカンナを下に置き、自分の世界の大改造に取りかかることだろう。

不注意な人間、無知な人間、怠け心をもつ人間は、表にあらわれた「結果」だけに目を奪われ、その背後に存在する「原因」を見ようとしないために、あらゆる成功を、幸運、運命、あるいは偶然などという言葉で片づけようとしています。富を築き上げた人、知性にあふれた人、神のような人格を備えて大きな影響力を手にしている人たちを見て、かれらは言います。

あの人は、なんて幸運なんだろう！　なんて恵まれているんだろう！　なんて良い巡り合わせにあるんだろう！

かれらは、それらの運の良い人たちが、より良い人生を夢見て流しつづけてきた「血と汗と涙」の部分にはけっして目を向けません。それらの人たちは、強い信念を維持し、数々の犠牲を払い、粘り強い努力をつづけてきた人たちなのです。そうやって理想の実現をめざして、さまざまな困難をみごとに乗り越えてきた人たちなのです。

しかし、大多数の人は、そういった「影」の部分には目をくれようともしません。かれらはただ、「光」の部分だけを眺めているのです。長く厳しい旅の中身には目もくれず、喜びに満ちた最終結果のみを眺め、それを幸運の一言で片づけているのです。過程を理解せず、結果のみをとらえ、それを偶然の産物だなどと言っているのです。そんな人たちのもとには、いつになっても幸運は訪れません。

人間が達成するあらゆる成功が努力の結果です。そして、努力の大きさによって結果の大小が決定します。そこにはいかなる偶然も介在しません。物質的、知的、精神的達成のすべてが、努力の果実なのです。それらは、成就した思いであり、達成された目標であり、現実化されたビジョンです。

あなたが心の中で賛美するあなたのビジョン……あなたが心の中の王座につけるあなたの理想……それにしたがって、あなたの人生は形づくられます。それこそが、あなたがやがてなるものなのです。

穏やかな心

穏やかな心は、真実の海のなか……
水面から遠く離れた、
いかなる嵐の影響もおよばない
永遠の静寂のなか……に住んでいます。

穏やかな心は、この上なく美しい知恵の宝石です。それは、自己コントロールの長く粘り強い努力の結果です。そして、それが存在する場所には、つねに、成熟した人格と、「原因と結果の法則」に関する確かな理解が存在しています。

人間は、自分が思いによって創られた存在であることを理解すればするほど、より穏やかになります。なぜならば、その知識は、自分以外のすべての人たちも同じようにして創られた存在であるという認識を、自然にうながすことになるからです。思いと人格ひいては人生との関係を理解し、原因と結果の観点から、あらゆる現象をより正しく眺められるようになることで、人間は、不平を言い、いらだち、悩み、悲しむことをやめ、より落ち着いた、より安定した、より穏やかな心の状態を保てるようになります。

穏やかな人間は、自分自身を正しくコントロールすることのできる人であり、自分自身をほかの人たちに容易に順応させられます。そしてそのために、彼（または彼女）と接した人たちは、彼の心の強さを知って敬うとともに、彼が自分たちの手本となりうる人物であり、頼れる人物であることを、肌で感じることになります。

人間は、穏やかになればなるほど、より大きな成功、より大きな影響力、より大きな権威を手にできます。ごく一般の商人でさえ、より確かな自己コントロール能力と穏やかさを身につけることで、より大きな繁栄を果たせるようになります。なぜならば、人々はつねに、冷静で穏やかにふるまう人間との関わりを好むものであるからです。

この上なく穏やかな心は、この上なく強い心です。穏やかな心の持ち主は、つねに愛され敬われます。彼は、まるで灼熱《しゃくねつ》の大地に立つ日除けの大木のようです。あるいは、嵐《あらし》を遮ってくれる巨大な岩のようです。そんな人間を愛さない人間がどこにいるでしょう。彼は、雨が降ろうと晴れようと、あるいはその他のいかなる変化に直面しようと、そんなこととは無関係に、つねに柔和であり、静かであり、穏やかです。

「心の平和」とも呼ばれる、そのこの上なく貴重な人格的要素を身につけることは、私たち一人ひとりの究極的な目標です。それは知恵の極致であり、黄金以上に求められてしかるべきものです。そうなのです。その価値は、純金の価値さえもしのいでいるのです。金銭的な富ばかりを追求している心は、穏やかな心とくらべたとき、どんなに見劣りがすることでしょう！

穏やかな心は、真実の海のなか……水面から遠く離れた、いかなる嵐の影響もおよばない永遠の静寂のなか……に住んでいます。

しかし、自分の人生をみずから苦悩で満たしている人たちが、なんと多いことでしょう。感情を高ぶらせることで、美しいものや愛すべきもののすべてをだいなしにしている人たち、身勝手な思いによって自分の人格的バランスを壊してしまっている人たちの、なんと多いことでしょう。

人類は、心のコントロールを怠ることで自分の人生と幸せを破壊することを、いったい、いつになったらやめるのでしょう。バランスのとれた人格を手にしている人たち、その属性である真の穏やかさを所持している人たちの、なんと少ないことでしょう。
そうなのです。人類はいまなお、コントロールされることのない激しい感情とともに突進し、コントロールされることのない悲しみのなかで取り乱し、不安や疑いの風に吹き飛ばされつづけています。心の中の風や嵐をみごとにしたがえて生きているのは、自分の思いの浄化とコントロールをなし遂げている、ほんの少しの、真に賢い人たちだけです。

嵐に飛ばされつづけし魂たちよ　あなたがたが　いまどこにいようと
どんな環境で生きていようと　このことを知ることだ
人生という海のなかには　あなたがたに
つねに微笑《ほほえ》みかけている至福の島があり
そこでは明るい日の光舞う美しい海岸……あなたがたの理想……が

あなたがたの到着をいまや遅しと待ちわびている
その手を　心の舵《かじ》の上にしっかりと置きつづけることだ
あなたがたの心の帆船のなかでは
その船の船長が　静かに体を横たえている
彼はいま　眠る以外のことを何もしていない
彼を目覚めさすことだ！

自己コントロールは強さです。

正しい思いは熟練技能です。

そして、穏やかさはパワーです。

あなたがたの心に語りかけることです。

「静かにしていなさい。穏やかにしているのです！」

訳者あとがき——ジェームズ・アレンとは

いかがでしたでしょう。この本が一世紀にもわたって売れつづけてきた理由が、よくおわかりいただけたのではないかと思います。

この永遠の名著を原書に忠実な形で出版していただくことが、私のかねてよりの願いでした。この場をお借りして、その願いを叶えていただいたサンマーク出版のみなさまに、心より感謝の意を表させていただきたいと思います。ありがとうございました。

しかし、これほどの本を世に出していながら、アレンには、つねに「謎」という文字がつきまとってきました。『AS A MAN THINKETH』を世に出した「謎」の偉人、「謎」の賢者、「謎」の哲学者、というようにです。事実、現存する彼に関する情報はきわめて少なく、彼を生んだ英国の国会図書館や国立博物館にさえ、彼の私生活に関する情報はまったく残っていないようです。

ただ、一九八二年にプレンティス・ホール社が刊行した『THE SUCCESS MERCHANTS』という本と、前出のアメリカ人の老婦人からいただいた出所不明の印刷物が、ほんの少しではありますが、彼の人物像をそこはかとなく浮かび上がらせてくれる貴重な情報を提供してくれています。それを最後にご紹介申し上げて、「訳者あとがき」とさせていただきます。

アレンは、一八六四年十一月二十八日、イングランド中部のレスター市に生まれました。彼の生家は小さな事業を営んでいましたが、彼が十五歳のときにその事業が破綻《はたん》し、直後に彼の父はアメリカに渡りました。アメリカで一旗揚げて家族を呼び寄せるというのが、その目的だったようです。ところが、こともあろうに、その父がアメリカに着いて間もなく強盗に遭い、命まで奪われるという悲劇に見舞われてしまったのです。家族は生活に窮し、彼は十五歳にして学校をやめねばなりませんでした。

彼はその後、さまざまな仕事を転々としながら、独学で学び、一九〇二年に作家として生きる決意を固める直前は、数名の工業家のための経営コンサルタントとして生計を立てていたようです。

彼が執筆活動に専念しはじめたのは三十八歳のときですが、作家としてのキャリアは短く、他界した一九一二年までのわずか九年間にすぎませんでした。しかし、そのあいだに彼が書いた十九冊の本は以後もえんえんと生きつづけ、世界中の無数の人々を勇気づけてきました。

ただ、アレンの作家としての収入は乏しかったようです。自身のあらゆる著書の英国外での著作権を放棄していたことが、その第一の理由だとされています。ただし、それはいっぽうで、ほかの国では彼の本を誰もが自由に出版できたということでもあります。そしてそれが、おそらく彼の思惑どおりに、本書の読者数の世界的な拡大に拍車をかけることになったことは、言うまでもありません。

最初の著書『FROM POVERTY TO POWER』を書いた直後、アレンは、イングランド南岸の町、イルフラクームに移り住んでいます。海沿いのその静かな保養地は、彼が哲学的研究を推し進めるために必要としていた雰囲気を、完璧なまでに漂わせていたといいます。そして、夜明け前に近くの小高い丘の中腹までゆっくりと登っていくことが、アレンの一日のはじまりでした。その丘からは、自宅と海が一望できたといいます。そこに一時間ほど留まり瞑想したあとで、家に戻り、午前中を執筆活動にあて、午後は家庭菜園での農作業に精を出す、というのが彼の日課だったようです。夕方以降は知人や友人たちの訪問を頻繁に受けてもいたようです。

アレンの友人のひとりはこう語っています。

「彼は夜になると、いつも黒のビロード地のスーツを着ていました。そして、彼の家を訪れた我々小グループに、瞑想や哲学、トルストイや仏陀《ぶつだ》について、また、どんな生き物をも絶対に殺すべきではない（※おそらく、食用にする生き物は除いて）、といったようなことを、静かに語って聞かせたものでした。我々の誰もが、彼のキリストを思わせるような風貌《ふうぼう》と、穏やかな語り口、そしてとくに、毎朝夜明け前に丘に登って神と交信していたという事実に、若干、ある種の恐れのようなものを感じてもいました」

この『AS A MAN THINKETH』は、アレンの二冊目の本です。彼はこの本を通じて、のちのち高い評価を受けることになった自身の哲学を、この上なく雄弁かつ簡潔に語っていますが、自分ではその内容に満足していなかったようです。彼が本書を出版する気になったのは、妻のリリーの粘り強い説得があったからだといいます。

「夫は、人々に何らかのメッセージを伝えたいときにだけ書いていました。そして、彼が人々に伝えたいメッセージとは、彼自身が人生のなかで実際に試してみて、良いものであることを確認したもの、それだけでした」

アレンの妻リリーが、彼の死後に語ったことです。

訳者

ジェームズ・アレン（JAMES　ALLEN）
1864年、英国生まれ。父親の事業の破綻と死から15歳で学校を退学。以後、さまざまな仕事に就きながら独学で学び、38歳で執筆活動に専念する。作家としてのキャリアは他界した1912年までの9年間と短いが、執筆された19冊の著書は世界中で愛読され、とくに1902年に書かれた本書『AS A MAN THINKETH』は、現代成功哲学の祖として知られるデール・カーネギー、アール・ナイチンゲールなどに強い影響を与えた。いまなお、自己啓発のバイブルとして、世界中で読まれつづけている。

坂本貢一（さかもと・こういち）
1950年生。東京理科大理学部卒。製薬会社勤務後、2年間米国留学。帰国後、薬局チェーン経営を経て出版社の翻訳課に勤務し、主として自己啓発書の翻訳にあたる。精神世界の研究にも携わり、97年よりフリーの翻訳家および精神科学ライターとして活動。精神世界関連の雑誌編集にも携わる。訳書に『魂との対話』（小社刊）、『十二番目の天使』『ライオンの隠れ家・異星人だった歴史上の偉人たち』『今すぐ人生を変える簡単な六つの方法』（以上求龍堂）、『アンデスの封印』『神々の予言』『考えるヒント・生きるヒント』『考えるヒント・生きるヒントII』『考えるヒント・生きるヒントIII』『心の中の自分と語れ』（以上ごま書房）、『あなたに成功をもたらす人生の選択』『人生がばら色に変わる50の言葉』『子どもはみな前世を語る』（以上PHP研究所）、『生きる不安への答え』（飛鳥新社）、『ヒーリングプラクティス』（心泉社）、著書に『秋山眞人の優しい宇宙人』がある。茨城県桜川村在住。

「原因」と「結果」の法則

二〇〇三年四月二十五日　初版発行
二〇一三年九月三十日　第七十一刷発行

著者　ジェームズ・アレン
訳者　坂本貢一
発行人　植木宣隆
発行所　株式会社サンマーク出版
〒一六九―〇〇七五
東京都新宿区高田馬場二―一六―一一
電話　〇三―五二七二―三一六六
ホームページ　http://www.sunmark.co.jp
携帯サイト　http://www.sunmark.jp
印刷　株式会社暁印刷
製本　株式会社若林製本工場
ISBN978-4-7631-9509-8 C0030